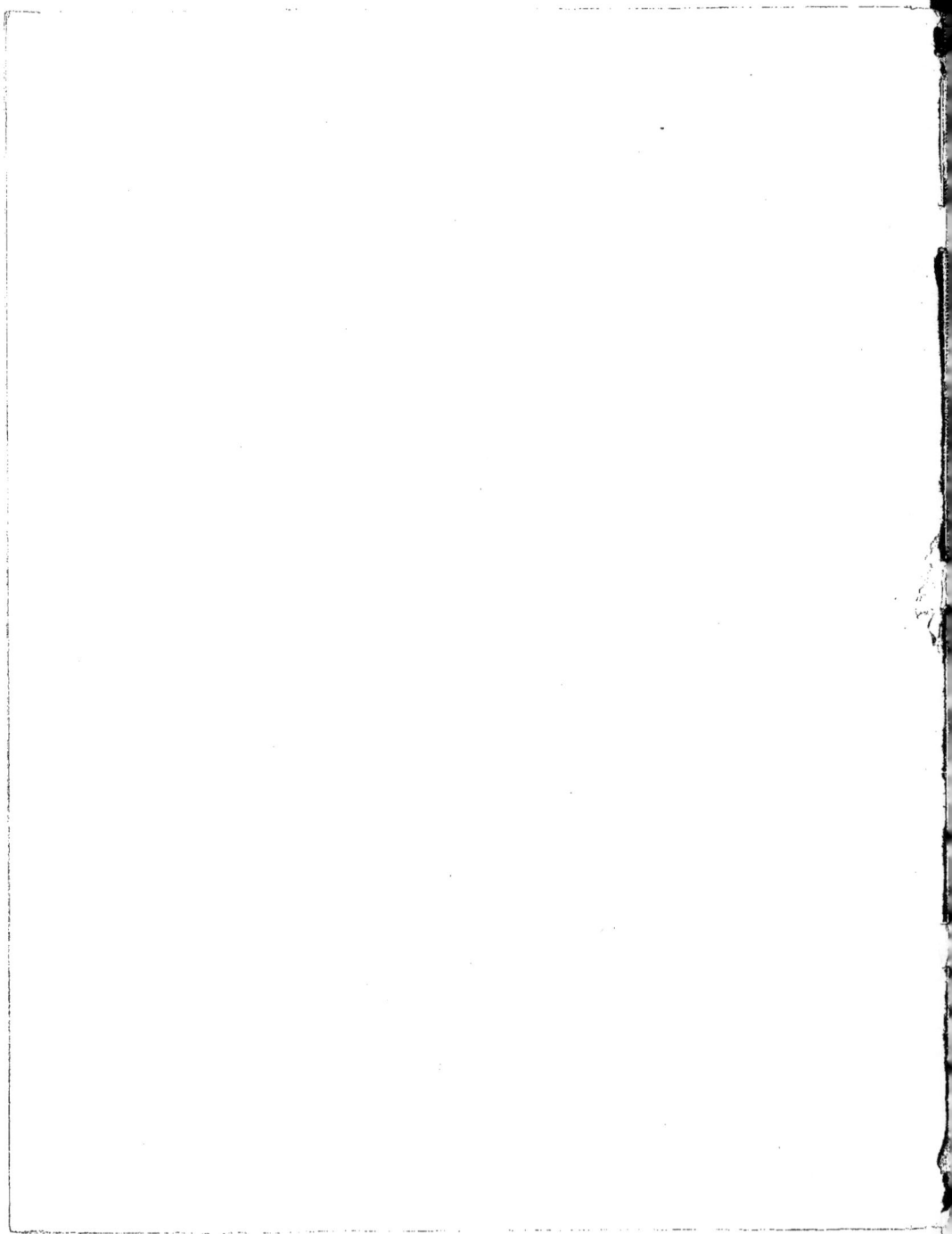

NOTES

D'ETHNOGRAPHIE
OCEANIENNE

G. Lennier

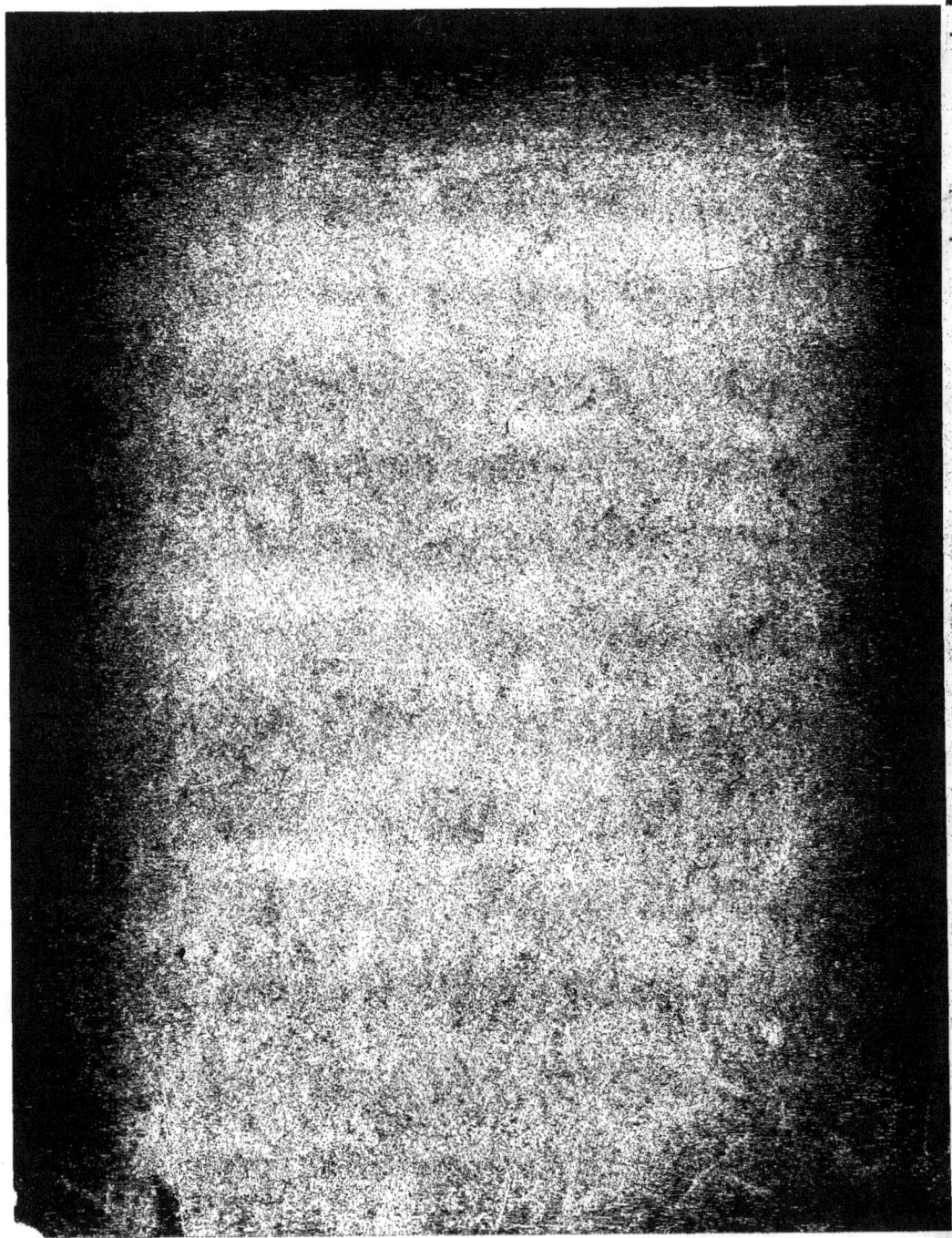

DESCRIPTION

DE LA

COLLECTION ETHNOGRAPHIQUE OCÉANIENNE

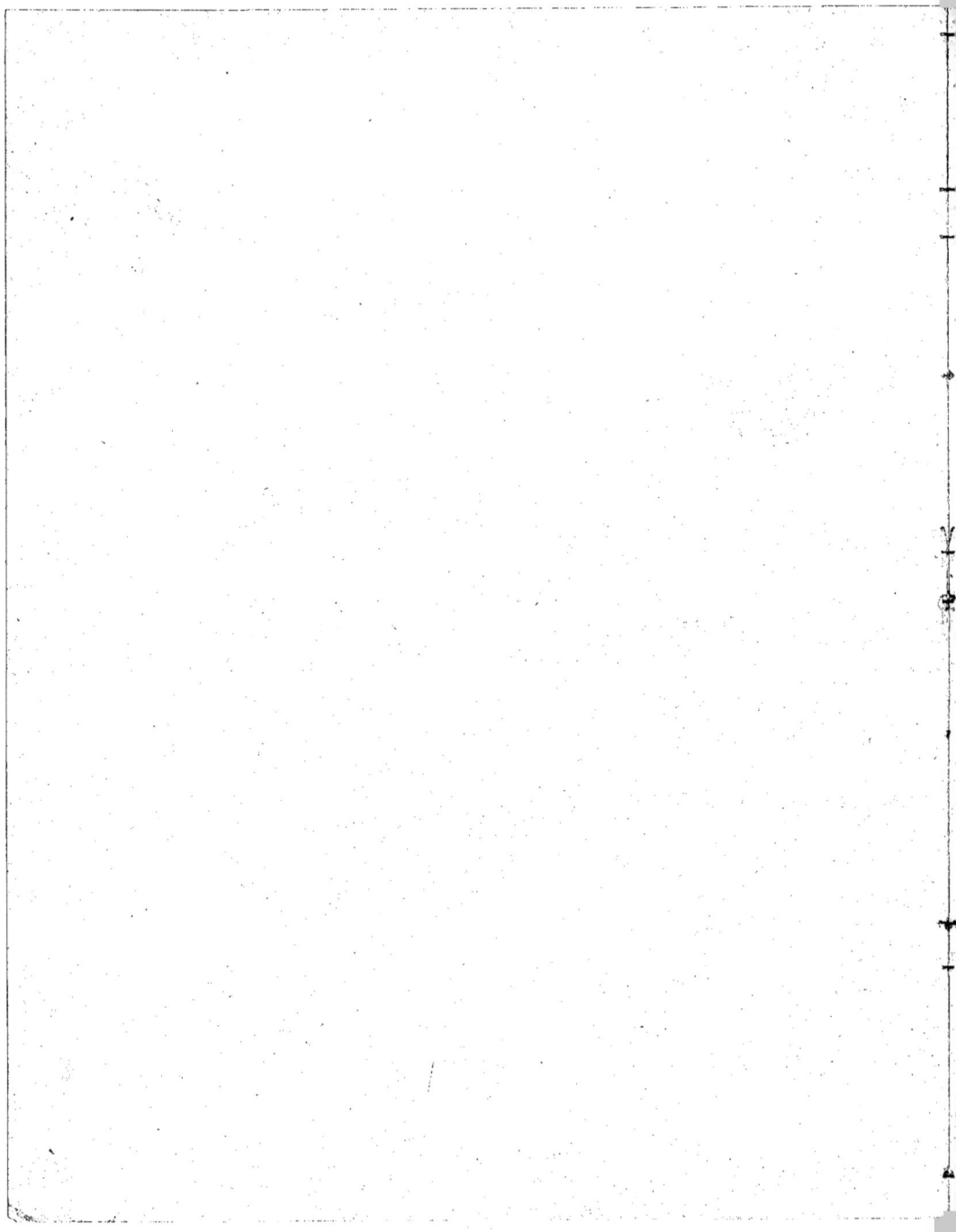

MUSÉUM D'HISTOIRE NATURELLE & D'ETHNOGRAPHIE

DU HAVRE

DESCRIPTION

DE LA

COLLECTION ETHNOGRAPHIQUE OCÉANIENNE

Qu'a offerte à la Ville du Havre, **M. LE MESCAM**, négociant à Nouméa

PAR

G. LENNIER

Conservateur du Muséum du Havre
Correspondant du Ministère de l'Instruction publique, etc.

HAVRE

Imprimerie du Journal LE HAVRE (L. Murer, imprimeur), 35, rue Fontenelle

—

1896

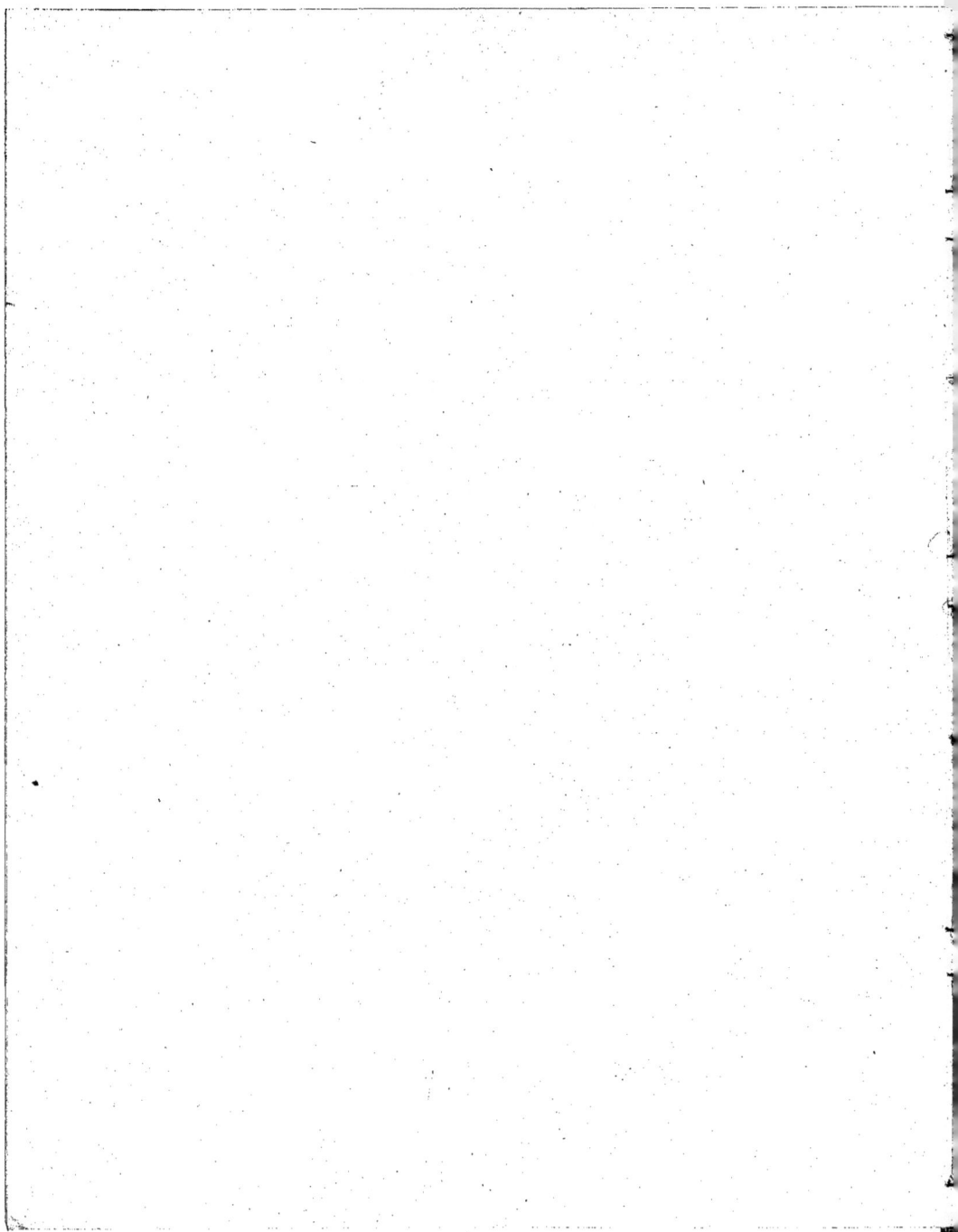

INTRODUCTION

Comme introduction au catalogue de l'importante collection ethnographique offerte, au Muséum du Havre, par notre compatriote, M. Le Mescam, négociant à Nouméa, il nous a paru nécessaire d'en faire ressortir l'intérêt par une rapide description des lieux où elle a été recueillie et par quelques mots sur l'utilité économique, sociale et historique de l'Ethnographie.

Les huit planches qui sont placées à la fin de cette notice sont toutes dues aux clichés obtenus par M. Soret, professeur au Lycée, président de la Société havraise de Photographie, auquel nous adressons nos remerciements pour son obligeant concours. Les armes et instruments divers, figurés dans les six premières planches proviennent de la Nouvelle-Calédonie, des Nouvelles-Hébrides et de Vanikoro. Les deux dernières planches reproduisent des groupes de naturels d'après des photographies obtenues en Nouvelle-Calédonie et qui font partie d'une série de vingt-sept épreuves envoyées par M. Le Mescam. Nous aurions bien voulu les joindre toutes ici et en former un merveilleux atlas. Des motifs d'économie nous en ont seuls empêché. Nous souhaitons que les circonstances nous permettent de reprendre bientôt ce projet.

C'est à la suite d'une demande de M. Léon Jacquot, négociant au Havre, que M. Le Mescam a bien voulu s'intéresser à notre Muséum. Nous saisissons l'occasion de lui témoigner notre gratitude pour son heureuse intervention, aussi bien que pour l'abandon gracieux qu'il a fait de la partie de la collection Le Mescam qui lui était destinée.

Pour la rédaction de ce travail, j'ai, avec l'autorisation de M. le Dr Hamy, conservateur des Collections ethnographiques du Trocadéro, membre de l'Institut, emprunté de précieux renseignements à la REVUE D'ETHNOGRAPHIE, *et spécialement aux articles suivants :*

Les Canaques de la Nouvelle Calédonie, par le Baron L. de Vaux, *Revue d'Ethnographie,* 1885, p. 327 et 484.

Les îles Loyalty, les Nouvelles-Hébrides et les Vity, impressions et souvenirs, par le même, *Revue d'Ethnographie,* 1888, p. 13.

Usages, Mœurs et coutumes des Néo-Calédoniens, par M. S. Caumont. *Revue d'Ethnographie,* 1888.

Nous avons aussi utilisé un article très étudié de M. le Marquis de Nadaillac, sur l'anthropophagie, paru dans la REVUE DES DEUX-MONDES, *année 1884, p. 405.*

DESCRIPTION

COLLECTION ETHNOGRAPHIQUE OCÉANIENNE

I

UTILITÉ DE L'ETHNOGRAPHIE

« Les collections ethnographiques, dit M. le Dr Hamy (1), ne sont point seulement utiles à la connaissance de l'anthropologie, considérée sous ses faces diverses ; elles contribuent en outre, dans une large mesure, aux progrès des autres sciences naturelles, et sont appelées à fournir des renseignements parfois fort précieux aux économistes, aux commerçants, aux industriels, aux artistes, etc.

» L'ethnographie, prise en elle-même, est une des branches les plus importantes de la science de l'homme. *L'étude de toutes les manifestations matérielles de l'activité humaine* lui appartient, en effet, tout entière et si, dans les limites qu'on lui assigne aujourd'hui, l'homme lui-même reste en dehors de son contrôle, elle a du moins à recueillir et à coordonner les observations auxquelles prêtent les groupes ethniques dans leur vie intime et dans leurs rapports réciproques. Alimentation et logis, habillements et parures, armes de guerre et instruments des travaux de la paix, chasse, pêche, cultures et

(1) Extrait des rapports sur le développement et l'état actuel des collections ethnographiques appartenant au Ministère de l'Instruction publique.

industries, moyens de transports et d'échanges, fêtes et cérémonies civiles et religieuses, jeux de toute sorte, arts plus ou moins développés, *tout ce qui, dans l'existence matérielle des individus, des familles ou des sociétés, présente quelque trait bien caractéristique, est du domaine de l'ethnographie.*

» Les innombrables documents, qu'une étude aussi vaste vient chaque jour fournir, ont, à la longue, formé tout un ensemble d'une nature spéciale, toute une *science nouvelle*, d'ordre secondaire sans doute, mais ayant sa vie propre, son but bien défini, ses limites circonscrites et possédant déjà des résultats acquis d'une manière bien assurée. Maintes sciences connexes utilisent ses renseignements et l'anthropologie en particulier, dont elle est une dépendance, vient lui demander chaque jour de précieuses indications. Elle l'interroge plus particulièrement sur ces grandes questions d'origine, qui passionnent à bon droit tant d'esprits élevés, et l'ethnographie répond : tantôt en mettant en évidence d'une manière irrésistible la doctrine du progrès continu des sociétés, qu'attestent les âges de pierre, de cuivre, etc., dont elle trouve presque partout la trace ; tantôt en démontrant, par la similitude des usages et du genre de vie, les relations premières de peuples séparés comme les Guaranis des Andes et leurs congénères, par des intervalles énormes dans l'espace et dans le temps.

» L'ethnologie ou anthropologie descriptive complète, à l'aide des données ethnographiques, le tableau des caractères différentiels dont l'anatomie lui a fourni la première esquisse, et il lui arrive souvent de se servir de quelque trait ethnographique pour instituer des subdivisions nécessaires entre des groupes secondaires de même type physique, comme les Papouas.

» La linguistique, la mythologie comparée, la sociologie utilisent de semblable manière, les documents sur l'épigraphie, les superstitions, etc., sans l'examen desquels ces branches de la science de l'homme demeureraient insuffisamment renseignées.

» Il en sera de même de toutes les autres sciences naturelles.

» Dans le matériel funéraire qu'un ethnographe aura recueilli le long des côtes du Pérou, un zoologiste, M. Alphonse Milne Edwards, retrouvera le type oublié du cobaye primitif ; un botaniste, à l'aide des mêmes fouilles, reconstituera l'histoire des plantes utiles aujourd'hui disparues ; un minéralogiste rencontrera, sous forme d'amulettes, dans les collections du docteur Crevaux, la véritable *pierre des Amazones*, bien différente de la roche, à laquelle on applique aujourd'hui ce nom (1).

» Le médecin a appris de l'ethnographe à connaître le quinquina, le curare, etc. ; le chirurgien lui a emprunté l'acupuncture, les moxas, etc. ; l'hygiéniste tient de lui les données à l'aide desquelles il étudie l'influence des habitudes et des mœurs sur la santé des nations.

« Le commerçant lui doit, en nombre incalculable, les matières alimentaires, textiles, tinctoriales, aromatiques, etc., que les barbares connaissaient avant nous, et dont l'ethnographe a le premier révélé les propriétés et l'usage : manioc, phormium, rocou, caoutchouc, santal, etc. (2).

» Diverses industries perfectionnées sont sorties de l'examen des procédés tout primitifs de quelques grossiers sauvages (3).

» Les arts industriels varieront agréablement leurs modèles, en étudiant les objets de toute nature décorés par les peuples exotiques. Enfin l'art lui-même, en se faisant ethnographique, rencontrera parfois d'heureuses inspirations.

» Tel est, en quelques mots, le rôle de l'ethnographie ; tels sont les résultats que peut procurer la formation d'un Musée consacré à cette branche de la science de l'homme. »

(1) Tous ces faits sont empruntés à l'histoire du Muséum provisoire d'ethnographie de Paris, par M. Hamy, Membre de l'Institut.

(2) Le commerce d'exportation n'est pas moins intéressé aux progrès de l'ethnologie que le commerce d'importation. La connaissance exacte des goûts et des mœurs du Japon, que représente largement à Leyde le Musée Siebold, eût certainement épargné, il y a quelques années, bien des déboires à plus d'une grande maison de Paris. Hier encore, faute de renseignements précis sur les objets en usage chez les Soudaniens, au Bournou, etc., renseignements qu'on possède au Musée ethnographique de Berlin, et qui nous font complètement défaut, nos négociants se voyaient dans l'impossibilité de profiter des services que l'expédition Flatters était disposée à leur rendre en introduisant, dans le Soudan, des produits de fabrication française en harmonie avec les besoins et les goûts des natifs.

(3) Les ateliers de Tilpman, de Philadelphie, dans lesquels on grave le verre, le corindon, etc., à l'aide d'un courant d'eau chargé de sable sous une forte pression (360 livres par pouce carré), ne font en somme qu'appliquer une vieille découverte des Kanakes de la Nouvelle-Calédonie.

II

NOUVELLE-CALÉDONIE

La Nouvelle-Calédonie, occupée par la France, en 1853, est située entre le 20e et le 23e degré de latitude Sud, et entre les 161e et 165e degrés de longitude Est. Elle s'étend du Nord-Ouest au Sud-Est sur une longueur de près de 80 lieues et une largeur de 12 à 13. Ses dimensions se trouvent considérablement augmentées par les récifs coralligères qui l'entourent et lui forment comme une vaste ceinture, tantôt se rapprochant de la terre de manière à laisser à peine un passage aux goëlettes qui font la navigation côtière, tantôt laissant entre l'île et les brisants de vastes espaces aux eaux calmes, limpides, et plus chaudes que celles de la mer environnante. Là vivent des milliers d'espèces animales qui diaprent le fond des plus riches couleurs : poissons, mollusques, annélides, échinodermes, etc.

Le récif néo-calédonien renferme dans sa ceinture de coraux, un certain nombre d'îles. Ce sont au Nord-Ouest les archipels d'Entrecasteaux et celui de Bulade, et au Sud-Est plusieurs petites îles telles que l'île Ouen et la grande île des Pins (île Kunié des naturels), au-delà de laquelle le récif se prolonge sur un espace d'environ cent lieues, sous le nom de récif des Français.

La Nouvelle-Calédonie, dit M. le Baron de Vaux (1), n'offre pas à l'arrivant cet aspect gracieux qui séduit de prime abord. On ne voit de tous côtés que des montagnes couvertes d'herbes sèches ou d'arbrisseaux grisâtres, au pied

(1) *Loc. cit.*

desquels de rares pointures de verdure qui témoignent de l'humidité accidentelle du sol. Dans l'intérieur de l'île, au Nord de Nouméa, on rencontre de vastes plaines arrosées par de ravissantes rivières.

L'homme néo-calédonien est fortement constitué, bien fait et vigoureux ; sa peau est moins noire que celle du nègre, mais plus foncée que chez la plupart des Polynésiens. Les cheveux sont crépus, les lèvres légèrement saillantes, le nez épaté artificiellement et les oreilles percées au lobe inférieur ; la barbe est noire et bien fournie. Ici l'homme est oisif ; son unique occupation consiste à s'exercer au jet des zagaies, et au jet de pierres à l'aide de frondes.

Les femmes sont de pauvres créatures à l'état de bêtes de somme. Leur taille est généralement au-dessus de la moyenne. Bien prises et assez jolies jusqu'à l'âge de 15 ans (comme on le peut voir sur nos planches), elles arrivent très vite à une décrépitude précoce par suite des mauvais traitements dont elles sont les victimes, et des durs labeurs qui leur sont imposés. Ce sont elles qui, ayant pour tout vêtement une ceinture en corde avec frange, se livrent, par tous les temps, aux travaux les plus pénibles, qui défrichent et labourent la terre, font les plantations, rapportent à dos au village des charges énormes d'ignames et de taros, elles encore qui vont à la pêche dans les récifs littoraux. Les hommes ne partagent jamais leurs travaux et les suivent du regard dans leurs pénibles corvées. Elles s'en consolent les pauvres femmes, en fumant leur pipe qui ne quitte leurs lèvres que pour être passées dans un trou percé au lobe inférieur de l'oreille.

Le seul art d'agrément pratiqué par les Canaques est la musique ; ils jouent d'un bambou percé de deux trous, qui bien que ne donnant que des notes sourdes, leur fait passer des heures délicieuses. Il est à remarquer que, de cette flûte primitive, ils jouent indifféremment avec le nez ou avec la bouche.

Armes. — Le Canaque excessivement guerrier possède un certain nombre d'armes. Il a d'abord la pierre brute qu'il lance avec une remarquable adresse. Dans les anciens champs de bataille, comme par exemple dans la grande plaine vers Yaté (Sud) où se réunissaient les guerriers de Ouen, Goro, Tuaura, etc., on trouve encore des tas de cailloux disposés en croix ou en rectangle. C'était en même temps un refuge et une provision pour les guerriers. Les massues que fabriquent les Canaques et dont le nom générique est *Kare*, sont de plusieurs formes, la plus commune est taillée en forme de prisme. La plus remarquable est le fameux casse-tête dit bec d'oiseau ou *cagou*, arme terrible dans la main d'un indigène qui, d'un seul coup, fend un crâne comme avec une hache (1).

L'arme la plus estimée des Canaques est la fameuse hache casse-tête en serpentine. Elle se compose d'un disque de quinze à vingt centimètres de rayon, poli sur les deux faces, un peu bombé au centre, bien que n'ayant qu'une faible épaisseur et allant en s'amincissant vers la circonférence. Ce disque est percé de deux trous qui servent à l'emmanchement. Le manche est une branche fendue par le bout, dans lequel est inséré la hache ; il est orné et renforcé de cordes d'un brun rougeâtre, fabriquées avec des poils de chauves-souris *(Pteropus)*. Le polissage des haches de serpentine durait de longues années ; l'indigène qui le commençait travaillait non pour lui, mais pour son fils ou son petit-fils.

En 1886, M. Revel, contrôleur des mines, chargé d'une mission en Nouvelle-Calédonie, adressa au ministère un rapport sur la recherche de la roche employée par les Canaques à la confection d'armes et d'outils. Nous empruntons quelques détails intéressants à ce rapport.

A l'île Ouen, dit M. Revel, dans le Sud de la Nouvelle-Calédonie, nous avons recueilli un certain nombre de variétés de ces roches feldspathiques qui prendre un beau poli et fournir des pierres d'ornement très dures, inaltérables à l'air et d'une grande variété de couleur. La pierre employée par les indigènes pour la fabrication de leurs armes, provient de roches éparses à la surface, su, le versant de la montagne dite de Kutures à l'île Ouen. Ces roches sont aujourd'hui assez rares ; nul doute que des recherches bien dirigées n'amèneraient la découverte d'amas importants de la roche d'où provenaient les blocs éboulés, qui sont d'origine éruptive.

D'après les observations de M. Revel, on rencontrerait au-dessus des serpentines, ou plutôt, pensons-nous, dans leur voisinage : 1° des roches feldspathiques ; 2° des amas de fer à plusieurs degrés d'hydratation et d'oxydation ; 3° des amas

(1) Voyez *Revue d'Ethnographie*, 1888, p. 110.

d'argiles rouges et jaunes, provenant d'anciennes sources minérales ; 4° des gisements de cobalt, oxydes noirs, employés comme minerai et contenant environ 5 o/o de cobalt et une grande proportion de manganèse ; 5° du fer chromé.

En résumé, ajoute M. Revel en terminant son rapport, les roches feldspathiques de la Nouvelle-Calédonie et de l'île Ouen, présentent des nuances très belles qui pourraient les faire utiliser comme pierres d'ornement ; mais leur grande dureté rendrait toujours très élevé le prix de revient.

Le Calédonien possède aussi la fronde, faite avec l'écorce d'un jeune arbuste. Il taille les cailloux qui doivent lui servir de projectiles et les polit en leur donnant une forme ovoïde extrêmement pointue aux deux extrémités. Un petit filet qu'il porte suspendu à sa ceinture, lui sert à ramasser ses pierres de fronde.

L'arme la plus terrible dans les mains du Canaque, est la zagaie qu'il lance fort loin et qui manque rarement son but. Il y a plusieurs sortes de zagaies, quelques-unes sont guillochées, d'autres sont dentelées sur la partie extérieure, sur un espace de trente à trente-cinq centimètres, quelques-unes ont un os de poisson lié à la pointe.

Pirogues. — Les Canaques naviguent dans des pirogues creusées dans des troncs d'arbres qu'ils manœuvrent avec des pagaies ou à la voile. Les pirogues doubles sont formées par la réunion de deux pirogues simples réunies par des traverses solidement attachées, dépassant au dehors et portant à leur extrémité un flotteur. Entre les pirogues ainsi réunies est établie une plateforme qui porte un mât et une voile en nattes tressées.

Pêche. — La pêche à pied est faite, nous l'avons dit, par les femmes. A la mer, les hommes emploient les filets et les lignes ; les hameçons sont en coquille de nacre ou en écaille de tortue marine.

Habitations. — Les villages canaques sont ordinairement situés sur le bord d'une rivière ; ils sont formés d'une agglomération de cases qui, de loin, ressemblent à d'immenses ruches d'abeilles. La charpente de ces cases est formée par quatre poteaux fichés en terre et maintenus par des traverses liées au moyen de fortes lianes ; le toit en est pointu et souvent très élevé (1) ; la porte unique est à ras du sol et si basse qu'il faut presque ramper pour la franchir. Un foyer fumeux réchauffe les habitants, et la fumée épaisse qui s'en dégage chasse les moustiques du logis. Les armes sont rangées sur le sol à côté de vulgaires marmites en fonte de fabrique européenne, qui ont remplacé les curieuses marmites en terre devenues très rares et dont nous possédons quelques exemplaires. Ces anciennes marmites formées par la superposition d'anneaux d'argile étaient l'œuvre des femmes indigènes ; le séchage se faisait dans une hutte spéciale ; quant à la cuisson, le procédé très simple consistait à mettre le feu à la hutte.

Pilou-Pilou, fête canaque. — Le Pilou-Pilou est la fête annuelle de la tribu et dure plusieurs jours. Les tribus voisines y sont conviées.

Le jour de la fête arrivé, les canaques s'occupent de leur toilette ; les uns exagèrent la noirceur de leur teint par des moyens artificiels ; d'autres se parent la tête de lianes, de fougères, etc.

Un cri strident et lugubre annonce le commencement de la fête. On voit alors avancer une longue file de guerriers à la physionomie farouche. Une sorte de géant entièrement nu ouvre la marche ; il brandit une hache en pierre et simule le combat. Plusieurs centaines de guerriers le suivent et dansent solennellement.

Bientôt une grande clameur s'élève ; on voit sortir d'un bois voisin une autre bande de guerriers qui se précipite et engage un simulacre de combat mêlé de vociférations sauvages. Le combat cesse bientôt et le chef qui donne la fête harangue ses invités. Un autre chef prend la parole pour remercier l'organisateur de la fête.

Puis le simulacre de combat recommence, les femmes armées de haches en pierre qu'elles brandissent, excitent les guerriers au combat. La mêlée devient affreuse, les corps se tordent, les cris redoublent, des combats singuliers s'engagent de tous côtés.

(1) Comme on peut le voir sur le dessin qui sert de frontispice et de couverture au présent travail et que nous devons à un jeune artiste plein d'avenir, M. Rotig, notre concitoyen.

A la nuit tombante le combat cesse ; tous les guerriers couverts de sueur et de poussière, quelques-uns de sang, se jettent à un signal convenu sur la montagne de vivres qui a été apportée et le repas commence. Il faut avoir assisté à un de ces repas pour se figurer ce que peut absorber un Canaque !

Quand la nuit est venue, les hommes se rassemblent au milieu d'une grande place et les danses recommencent. Ce sont des mouvements rythmés auxquels participent toutes les parties du corps. Bientôt la cadence se précipite, et de cette masse de corps qui s'agitent dans la nuit, éclairée de temps en temps par les dernières lueurs des foyers qui s'éteignent, s'élèvent de nouveau de sourdes rumeurs, des chants bizarres au milieu desquels éclatent et vibrent des notes aiguës, des expressions diverses de joies, de tristesses, de douleurs, de colères, accompagnées du bruit sourd des branches que l'on frappe, de bâtons d'écorces d'arbres que l'on cogne vigoureusement les uns contre les autres pour marquer la cadence, du sifflement haletant des danseurs, des cris et des vociférations des guerriers. Que disent-ils dans ces chants et quelles pensées agitent leurs esprits pour y produire une pareille surexcitation ? Nul ne l'a jamais su positivement. Mais à l'éclat de leurs yeux, au frémissement qui agite tout leur être, on devine qu'ils chantent les combats de leurs ancêtres et que leurs yeux s'animent aux souvenirs des grands festins qu'ils faisaient autrefois avec les cadavres de leurs ennemis vaincus.

Ces fêtes du Pilou-Pilou duraient trois jours et trois nuits et c'est sur le point de prendre fin qu'elles brillaient de leur éclat farouche et frénétique. C'était dans ces grands Pilou-Pilou qu'étaient massacrées et dévorées, encore palpitantes, les malheureuses victimes de l'horrible passion du Canaque pour la chair humaine. Il faut pourtant reconnaître que ce n'est pas toujours par cruauté qu'il mangeait son semblable. C'était quelquefois par besoin ; il n'avait chez lui aucun mammifère, si ce n'est la chauve-souris. Il ne vivait que de légumes, de coquillages et de poissons.

Peut-être sentait-il de temps en temps qu'il avait besoin de viande. Il n'en avait pas d'autre que celle de son semblable : *Struggle for life* (1).

(1) Voyez dans le *Revue d'Ethnographie*, janvier 1888 : Mœurs et coutumes du Calédonien, par M. Glaumont, auquel nous avons emprunté les renseignements qui précèdent.

Les grandes descentes des Canaques de l'île des Pins sur la grande terre n'avaient autrefois d'autre but que de faire des prisonniers pour les manger. Ces mêmes habitants de l'île des Pins, les Kunies, avaient encore une autre raison pour faire des excursions chez leurs voisins ; ils avaient l'habitude d'exposer ou d'enterrer vivantes leurs filles pour ne pas les élever. Ils préféraient aller faire des razzias de jeunes filles ou de jeunes femmes pour en faire leurs épouses ou leurs esclaves.

Constructions anciennes. — M. de Rochas, dans son livre sur la Nouvelle-Calédonie, a relaté un fait d'une grande importance.

Il existe, dit-il, dans la tribu de Balade, un monument qu'on est étonné de trouver avec une telle perfection chez un peuple sauvage. C'est un aqueduc de huit à dix kilomètres de longueur construit sur la croupe des montagnes avec une habileté qui ferait honneur à un peuple civilisé. J'ai pu admirer, dit-il, les mêmes travaux aux îles Fidji, distantes de trois à quatre cents lieues de la Nouvelle-Calédonie et habitées par la même race. En considérant ces travaux on est conduit à admettre que le peuple Néo-Calédonien actuel est un peuple dégénéré qui fut autrefois beaucoup plus nombreux.

S'il est difficile, s'il n'est guère permis aujourd'hui de rien affirmer sur l'origine des Néo-Calédoniens, on sait cependant qu'ils ont souvenance d'immigrations relativement récentes venues des Nouvelles-Hébrides, élément noir mélanésien, et d'autres immigrations venues des îles Samoa et des îles Tonga, élément jaune.

III

ILES LOYAUTÉ

(anciennement LOYALTY)

De l'archipel des îles Loyauté qui est une dépendance de la Nouvelle-Calédonie, la collection Le Mescam contient un certain nombre d'objets très intéressants, comme on peut voir par le catalogue qui suit cette note.

Il a été découvert en 1803 ; mais Dumont d'Urville est le premier qui en ait donné une description fidèle et détaillée. Il se compose de trois îles principales : Ouvea, Lifou et Mace, qui forment une ligne parallèle à l'Est de la Nouvelle-Calédonie. Sa population totale était, en 1885, d'après M. le Baron de Vaux, de 15,000 âmes.

Ouvea est formé de deux îles, accompagnées vers le Nord d'une chaîne d'îlots, les Pléiades, qui circonscrivent un lagon de 12 à 15 milles de diamètre où peuvent mouiller les plus gros navires. Les habitants d'Ouvea construisent leurs cases près de la mer, ils sont hospitaliers et semblent appartenir à la race des Wallis plutôt qu'à celle des Papouas. Ils fabriquent aussi des haches et des colliers en serpentine qui sont si rares aujourd'hui.

Les habitants de l'île Lifou, dont nous possédons plusieurs photographies, présentent des caractères analogues à ceux d'Ouvea ; ils ont peut-être plus de sang Papou et font la transition avec les habitants de la Grande Terre. Leurs pirogues, dont nous avons plusieurs modèles, sont simples ou doubles et maniées à l'aide de pagaies courtes et larges. Les pirogues simples mesurent 4 à 5 mètres et sont munies d'un balancier.

3

D'après les voyageurs auxquels nous empruntons ces observations, les habitants de l'île Lifou ont un langage pittoresque. Un homme en train de fumer et de tuer le temps, suivant notre expression vulgaire, « travaille rien faire », ils diront encore « travailler pizons » (tuer des pigeons) ; ils désignent les Français « man-oui-oui ».

En résumé, les indigènes des îles Loyauté diffèrent sensiblement de ceux de la grande terre voisine, c'est-à-dire de la Nouvelle-Calédonie. Ils sont bien musclés, ont une physionomie ouverte, un air franc, qu'on rencontre rarement sur la grande terre. Les femmes sont beaucoup plus jolies que les Néo-Calédoniennes.

IV

NOUVELLES-HÉBRIDES

L'archipel des Nouvelles-Hébrides est au Nord-Est de la Nouvelle-Calédonie ; il se compose d'un grand nombre d'îles dont les principales sont : Espiritu-Santo, Aurore, Aoba, Pentecôte, Mallicolo, Ambrym, Apy, Sandwich, Erromango, Tunna et Amatam.

Découverte, en 1606, par Quinos, l'île septentrionale reçut le nom d'Espiritu-Santo. Elle fut rattachée par Bougainville à l'archipel, dont Cook reconnut, en 1773, les îles méridionales. L'ensemble du groupe reçut du grand navigateur le nom qu'il a conservé.

Les Néo-Hébridais appartiennent à la race mélanésienne. En général, la couleur de la peau est rouge-brun foncé, nuance chocolat ; les cheveux sont crépus, la barbe assez abondante. Cependant, dans quelques îles, à Aoba et à Tanna, par exemple, le teint est plus clair, les traits plus fins, les cheveux plus longs, la barbe plus épaisse. Ces caractères indiquent, d'après certains auteurs, une immigration ancienne venue des îles situées au Nord des Nouvelles-Hébrides.

D'une île à l'autre, la taille est très variable. A Mallicolo, les naturels sont petits et leurs armes ont des dimensions moins grandes que celles d'Espiritu-Santo et de Sandwich. Les naturels de Tanna sont au contraire d'une taille athlétique, et à ce point de vue peuvent être comparés à ceux des îles Loyauté.

Les dialectes parlés dans cet archipel sont très nombreux ; il n'était pas rare, il y a quelques années, que les indigènes de deux îles voisines ne pussent se comprendre. Aujourd'hui, on se sert d'une espèce de *sabir*, formé de mots anglais et de quelques mots français, et dont un vocabulaire a été publié, en 1888, par la *Revue d'Ethnographie*.

Suivant MM. Hagen et Pineau, le canibalisme serait toujours florissant aux Nouvelles-Hébrides, surtout à l'île Sandwich, et l'on peut s'en convaincre en lisant l'article publié, en 1884, par M. de Nadaillac, dans la *Revue des Deux Mondes*. Les blancs ont souvent été victimes des Cannibales. En 1872, à Sandwich, un Malais fut tué et mangé. A Embrym, il y a quelques années, un Suédois subit le même sort. A Erromango, en 1876, les indigènes dévoraient l'équipage d'un navire anglais. Souvent des blancs ont été tués et l'on n'a jamais pu retrouver leurs corps. Enfin pour terminer ces citations qui pourraient être multipliées, disons que le gouvernement de la Nouvelle-Calédonie se décida, il y a quelques années, à envoyer à Mallicolo et à Sandwich un détachement de troupe d'infanterie pour protéger nos nationaux contre les dents des Canaques.

Les festins de chair humaine sont généralement précédés de cérémonies. La victime est liée les deux mains réunies aux deux pieds et couchée à terre. Les habitants de la tribu dansent autour d'elle en agitant leurs lances et leurs casse-tête.

A un moment donné, le chef se détache du groupe et, d'un seul coup de sa massue appliqué sur la nuque, il donne la mort à la victime.

On partage alors le corps tout palpitant ; la tête est réservée au chef, auquel on offre aussi les seins, si la victime est une femme.

La monnaie courante aux Nouvelles-Hébrides est le cochon ; les femmes, suivant l'âge et la beauté se vendent de un à dix cochons. Cependant suivant les observations de MM. Hagen et Pineau, la beauté compterait peu et les prix varieraient seulement selon l'offre et la demande.

Aussitôt après le mariage on brise, à l'aide d'une pierre et d'un bâton de bois, les deux dents incisives supérieures des femmes (1).

Comme on peut le voir en consultant le catalogue, les objets des Nouvelles-Hébrides, donnés par M. Le Mescam au Muséum du Havre, sont nombreux.

(1) Voyez *Revue d'Ethnographie*, 1888, l'article publié par MM. Hagen et Pineau.

On y remarque des poteries anciennes, de nombreux métiers avec des nattes très fines en voie de fabrication, des instruments de pêche, des lignes avec des flotteurs et portant des hameçons en écaille de tortue marine et en nacre.

Ce qui frappe tout d'abord, en étudiant les objets des Nouvelles-Hébrides provenant de la collection donnée au Muséum du Havre, ce sont les armes de guerre, les armes de pêche et de chasse. Parmi les armes de guerre, de nombreux paquets d'arcs et de flèches, des massues ou casse-têtes de formes très variées, provenant des îles Mallicolo, Sandwich, Api, Embrym et Tanna.

Beaucoup de grandes zagaies ou lances sont terminées par de véritables faisceaux d'os humains travaillés, qui en font des armes d'autant plus redoutables que toutes ces pointes sont empoisonnées, que la moindre piqûre occasionne le tétanos et que la mort survient à courte échéance.

La coquetterie des habitants des Nouvelles-Hébrides est très grande, si on en juge par le nombre de bracelets en bois, en nacre, en coco que nous avons reçus; par les pendants d'oreilles en écaille de tortue et surtout par les peignes qui sont sculptés et ornés avec un goût parfait.

Les dents de porc sont aussi employées à faire des bracelets, et voici, suivant M. Le Mescam, comment les naturels arrivent à les obtenir sous forme d'anneaux presque fermés : ils brisent ou arrachent, sur l'animal vivant, les défenses de la mâchoire supérieure, ce qui permet aux dents ou défenses de la mâchoire inférieure de se développer sans usure, puisqu'elles manquent des points de rencontre qui, ordinairement, les usent. Plus les défenses sont développées chez un porc, plus l'animal atteint de valeur.

La préparation des armes empoisonnées aux Nouvelles-Hébrides est confiée à des gens spéciaux qui, pour signe distinctif, portent aux bras un fémur de cochon. Ils surveillent les sépultures et cinq ou six mois après la mort ils exhument les ossements et avec les os longs ils fabriquent des pointes de flèches et des pointes de lances. Ces ossements après avoir été brisés, sont polis sur des pierres.

Les armes ainsi préparées sont prêtes à être empoisonnées. D'après le docteur Schmeltz, conservateur du Musée ethnographique de Leyde, l'empoisonnement des flèches serait fait par le mélange du suc de trois plantes vénéneuses. Pour préparer le poison, on prend les feuilles des plantes, on les sèche, et on les réduit en poudre avec un pilon. On ajoute à cette poudre des sciures d'oca? et une holothurie desséchée, à demi-pourrie. On remue avec un bâtonnet, on y ajoute ensuite de la terre de nid de guêpe.

La préparation du venin est complétée par l'addition d'huile de noix de coco. Il faut remuer ensuite chaque jour le mélange pendant un mois, jusqu'à ce qu'il ait pris la consistance et l'aspect d'une huile trouble et noirâtre (1).

Mis ensuite dans des gourdes sur le toit des maisons, il prend de la consistance et est bientôt bon à employer ; on en enduit alors la pointe des flèches et des lances ; l'effet de ce poison est terrible, pris à l'intérieur il est toujours mortel.

En cas de blessures par les armes empoisonnées, au bout de trois jours arrivent les convulsions, un malaise général auquel succède un état fiévreux, le tétanos et la mort.

Nous avons dit plus haut que les Nouvelles-Hébrides n'étaient pas sûres, ne pouvaient pas être visitées sans danger par les blancs.

Il nous faut faire maintenant connaître les causes de l'hostilité des naturels pour les blancs. Il y a une cinquantaine d'années, de nombreux navires furent armés pour aller exploiter les forêts de bois de santal qui se trouvaient aux Nouvelles-Hébrides. Plusieurs chantiers furent établis à Erromango et Amatum. Les bûcherons, le plus souvent gens de sac et de corde, en vinrent souvent aux mains avec les naturels. En 1842, les équipages de deux navires anglais abordèrent à l'île Sandwich, une des plus riantes de l'archipel des Nouvelles-Hébrides. Les insulaires s'opposèrent à l'abatage de leurs bois, les blancs tirèrent sur eux, en tuèrent vingt-six, en refoulèrent un grand nombre dans une caverne, et les y enfumèrent jusqu'au dernier (2).

Les atrocités commises par les voleurs de bois ont été dépassées par celles des pirates qui se livraient au *trafic des travailleurs* (3).

(1) Voir *Revue d'Ethnographie*, t. II, p. 182.

(2) Markam, p. 46, cité par de Quatrefages.

(3) Labour trafic, labour trade, Markham.

Ce trafic prit un grand développement en 1863, à la suite de la guerre civile des Etats-Unis, au moment où la culture du coton se développa dans les colonies anglaises. Le manque de bras fit recourir aux indigènes de la mer du Sud. Dans le principe on engageait les insulaires pour un temps fixe et l'on se chargeait de les repatrier. Les gros bénéfices réalisés excitèrent bientôt les convoitises, et des *négriers* se mirent à enlever de force les Papouas, pour les transporter sur leurs plantations, où les attendait un véritable esclavage. Cette traite a pris une extension et un caractère tels, qu'on lui a donné le nom qu'elle partage avec le *vol des enfants*. On l'appelle *Kidnapping*, et cette expression a été consacrée par des actes officiels (1).

Un seul fait emprunté à M. Markham, qui en a cité un grand nombre, suffira pour faire apprécier l'horrible conduite des *Kidnapping*. A Florida, une des îles Salomon, un brick vint à quelque distance de la côte. Une pirogue chargée de naturels s'en étant approchée, une manœuvre en apparence accidentelle la fit chavirer, les chaloupes furent mises à la mer comme pour porter secours aux naufragés.

Mais les spectateurs placés sur les récifs ou sur d'autres canots virent les matelots européens saisir ces malheureux et leur couper la tête avec un couteau sur le bord des chaloupes. L'œuvre accomplie, ceux-ci retournèrent à bord du brick qui reprit immédiatement le large.

Les têtes ainsi recueillies étaient destinées à payer l'engagement d'un certain nombre de travailleurs. Dans plusieurs de ces îles mélanésiennes, le guerrier vainqueur décapite le vaincu et en emporte la tête ; il est d'autant plus respecté qu'il possède un plus grand nombre de ces trophées. Eh bien ! il avait été convenu entre quelques chefs et quelques commandants de navires que ces derniers se procureraient des têtes et recevraient en échange un certain nombre d'individus vivants engagés pour un ou deux ans (2).

(1) Markham, cité par de Quatrefages.

(2) Markham, cité par de Quatrefages.

V

ILES SANTA-CRUZ — VANIKORO

L'archipel des îles Sainte-Croix, dont Vanikoro est, sinon la plus grande, du moins la plus connue, est situé au Nord des Nouvelles-Hébrides.

Vanikoro est formé de deux petites îles entourées par un récif de coraux, assez largement ouvert à l'Est, et ne présentant ailleurs que des passes étroites. C'est là que se perdirent les deux navires de La Pérouse ; la *Boussole* et l'*Astrolabe*.

Ce fut de Botany-Bay, en janvier 1788, que Lapérouse expédia ses dernières lettres. A partir de ce moment, on resta sans nouvelles. En 1791, la Société d'Histoire naturelle demanda qu'une expédition fut envoyée à la recherche de nos marins. Ce vœu fut entendu ; et l'année même, d'Entrecasteaux partit avec deux navires, la *Recherche* et l'*Espérance*. L'expédition fut des plus malheureuses, les deux navires perdirent leurs commandants, plusieurs officiers et la moitié des équipages, et en arrivant à Java ils furent confisqués par les Hollandais. On n'avait d'ailleurs recueilli aucune nouvelle de La Pérouse.

En 1825, le bruit se répandit que l'on avait vu entre les mains de certains insulaires mélanésiens des médailles d'origine européenne et une croix de Saint-Louis.

Dumont d'Urville fit agréer par le gouvernement un nouveau voyage de recherches. Il partit avec une corvette pour Holart-Town. En arrivant, il apprit qu'un Anglais, Dillon, capitaine d'un navire marchand, avait eu à

Tikopia des détails précis sur un naufrage qui avait eu lieu des années auparavant sur une île voisine.

Dumont d'Urville partit sur le champ et atteignit Vanikoro. Il y avait été précédé par Dillon, qui déjà avait en sa possession un certain nombre d'objets provenant des frégates naufragées et avait aussi recueilli quelques traditions relatives à la catastrophe. Le premier, Dillon apporta en France la presque certitude que les navires de La Pérouse avaient péri sur les récifs de Vanikoro.

Il s'était procuré, par voie d'échange avec les naturels, un certain nombre d'objets provenant des navires, la cloche et une planche portant une fleur de lis, aujourd'hui placées au Musée du Louvre.

Dumont d'Urville et ses compagnons, après des efforts inouïs, arrachèrent aux coraux qui les empâtaient et les soudaient depuis quarante ans, une ancre, des canons, des armes à feu (1).

Les indigènes interrogés racontèrent que, à la suite d'une nuit très obscure, ils avaient aperçu dès le matin *une immense pirogue* échouée en dehors du récif où elle fut bientôt démolie sans que l'on put rien en sauver. Le lendemain une grande pirogue toute semblable se trouva prise dans la petite anse visitée par nos marins. L'équipage descendit à terre et s'y installa, et, avec les débris du grand navire, en construisit un plus petit sur lequel il s'embarqua, à l'exception d'un chef et d'un matelot qui restèrent dans l'île et moururent quelque temps après. On fut bien longtemps sans nouvelles du petit navire construit par les naufragés, mais l'amiral Jurien de la Gravière paraît avoir démontré que le dernier acte de la tragédie commencée à Vanikoro a eu pour théâtre l'île de Pouynipet, une des Carolines, où les naufragés furent attaqués par les sauvages. Ils se défendirent longtemps, mais un jour ils se laissèrent surprendre et furent tous massacrés (2).

On trouvera plus loin le catalogue des nombreux objets envoyés de Vanikoro par M. Le Mescam ; nous citerons seulement ici trois pièces d'argent trouvées dans les mains des naturels et qui font partie de la collection.

(1) Tous ces détails sont empruntés à M. de Quatrefages : Hommes fossiles et hommes sauvages, p. 270 et suivantes.

(2) Voyez de Quatrefages, loc. cit.

4

Ces trois pièces, à l'effigie de Carolus III Hispaniae et Ind. rex, portent les dates de 1785, 1782, 1781.

M. Le Mescam pense que ces pièces proviennent du naufrage de Lapérouse, qui se les serait procurées dans une relâche.

———————

La belle collection de M. Le Mescam ne forme qu'une partie des richesses ethnographiques que possède la ville du Havre, et qui n'attendent, pour être exposées au public que l'installation des salles, dont un vote récent du Conseil municipal a décidé l'appropriation. Comme nous l'avons fait pour l'organisation des collections paléontologiques, nous nous adresserons encore une fois aux amis des sciences si nombreux dans notre ville, pour les prier de nous aider de leur sympathique concours, par une souscription qui nous permettra de classer définitivement, dans des vitrines qui en assureront la conservation, les belles collections ethnographiques que possède notre Musée.

Notre établissement scientifique pourra alors compléter son titre et s'appeler Muséum d'Histoire Naturelle et d'Ethnographie.

———————

ETHNOGRAPHIE

DESCRIPTION DES PLANCHES

DE LA

COLLECTION LE MESCAM

OCÉANIE

NOUVELLE-CALÉDONIE, NOUVELLES-HÉBRIDES, ETC.

PLANCHE I

Le fond de la panoplie est formé par une grande natte en roseaux (Vanikoro).

Deux ceintures, vêtements de femmes calédoniennes, sont suspendues sur le fond.

Trois paniers en paille tressée, teints en jaune et en noir, sont suspendus en haut de la panoplie, sur une petite natte (Vanikoro).

Sur la table, recouverte d'une natte, on voit, en commençant par la droite, une natte très fine roulée (Vanikoro), puis, une série de paquets de flèches de guerre, empoisonnées, et des flèches employées à la chasse (Nouvelles-Hébrides).

Une coquille du genre triton, percée pour en faire une trompe (Nouvelle-Calédonie).

Un panier (Vanikoro).

Deux mâchoires inférieures de porc, ornées de leurs défenses ; ces défenses sont employées par les naturels pour faire des bracelets (Nouvelles-Hébrides).

Coquilles de nacre, servant de couteaux aux calédoniens.

A droite de la panoplie, appuyés au mur, deux paquets d'arcs et deux pagaies en bois (Vanikoro).

A gauche, deux paquets semblables et deux pagaies.

En avant de la table, debout, reposant sur le sol : dix-huit casse-tête, massues de guerre et pagaies (Nouvelles-Hébrides).

I

Planche II

Le fond de la panoplie est formé d'un tapa avec dessins en couleurs et franges découpées (Vanikoro).

De chaque côté, deux nattes carrées de diverses couleurs (Vanikoro).

En haut, trois éventails (Vanikoro).

Au milieu, un panier en paille tressée, teint en jaune ou en noir, est suspendu vers le haut (Vanikoro).

En avant, sur le fond, huit lances entrelacées avec pointes en os humains (Nouvelles-Hébrides) sont fixées sur deux pagaies (Vanikoro).

Deux ceintures de femme sont suspendues aux lances de chaque côté (Vanikoro).

Au milieu des lances et reposant sur la table, un paquet de petites flèches pour la pêche (Nouvelles-Hébrides).

Sur la table, recouverte de nattes de Vanikoro, on voit, en commençant par la droite :

> Un plat à Kava (île Api, Nouvelles-Hébrides) ;
>
> Un modèle de pirogue (Vanikoro) ;
>
> Un ornement en bois, garni d'une quantité de petites cordes en fibres végétales garnies de perles blanches (Vanikoro) ;
>
> Au milieu, cinq vases en terre (Nouvelles-Hébrides) ;
>
> A gauche, deux plats en bois (Nouvelles-Hébrides) ;
>
> Un modèle de pirogue (Vanikoro) ;
>
> Un ornement en bois (Vanikoro).

A droite, appuyés au mur et reposant sur le sol, plusieurs paquets de flèches de guerre, empoisonnées.

A gauche, plusieurs paquets semblables (Nouvelles-Hébrides).

En avant de la table, six crânes humains, de la tribu des Bouloupari (Nouvelle-Calédonie).

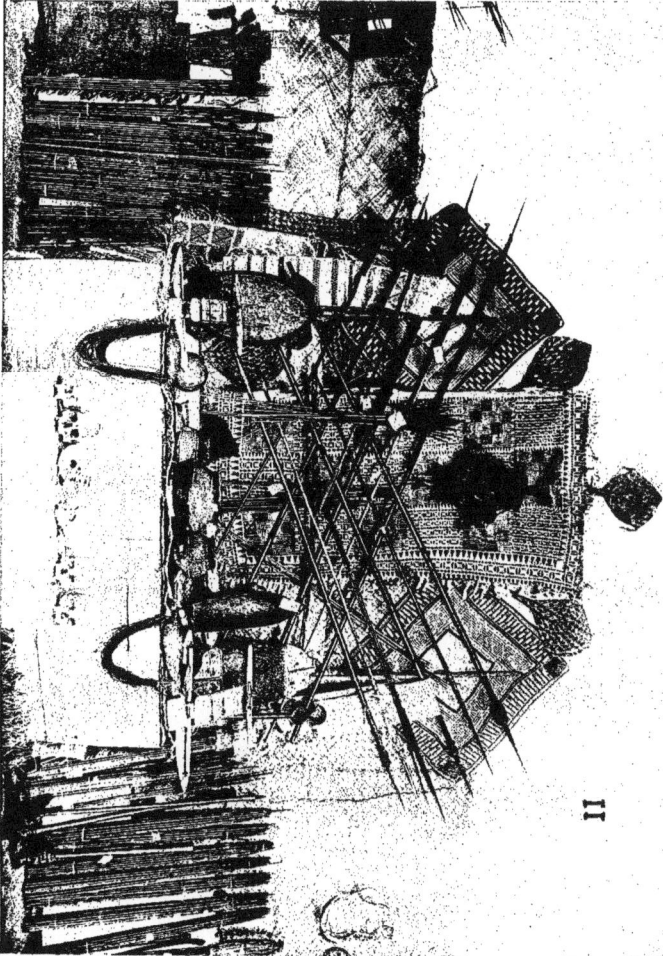

II

PLANCHE III

———

Le fond de la panoplie est formé par une natte des îles Aoba (Nouvelles-Hébrides), d'un manteau calédonien, surmonté d'un masque de danse, garni de cheveux et de barbe en fibres végétales (île de la Pentecôte).

En bas, un tapa brun terminé à chaque bout, par une sorte de frange en plumes (Nouvelle-Calédonie).

En avant, treize lances avec pointes en os humains, empoisonnés (Nouvelles-Hébrides) ; ces lances sont fixées sur deux pagaies (Vanikoro).

A droite et à gauche, suspendues sur les deux pagaies, des nattes, avec les ustensiles pour leur fabrication (Vanikoro).

Au milieu, deux vêtements en nattes (Vanikoro).

A droite, suspendus au mur deux cerfs-volants et un ornement en bois, garni de fibres végétales et de perles (Vanikoro).

A gauche, deux cerfs-volants semblables (Vanikoro).

Sur la table, un paquet d'arcs en bois de palétuvier (Vanikoro).

A droite, en avant de la table et reposant sur le sol, un casse-tête de chef (île des Lépreux, Nouvelles-Hébrides).

A gauche, un casse-tête forme pagaie (Nouvelles-Hébrides).

En avant de la table six crânes humains (Vanikoro).

III

PLANCHE IV

Le fond de la Panoplie est formé par vingt nattes, costumes de femmes de Vanikoro.

Sur le fond, dix-sept zagaies entrelacées.

En haut, un panier en roseaux (Vanikoro).

A droite, suspendue sur une zagaie qui traverse la panoplie, une natte, costume de femme (Vanikoro).

Sur la zagaie, au-dessous, quatre nattes, costume de femme (île Aoba, Nouvelles-Hébrides).

Au milieu des armes, un rouleau de nattes, habillements d'hommes (Nouvelles-Hébrides).

De chaque côté, reposant sur le sol, des arcs et des casse-tête (Nouvelles-Hébrides).

Sur la table, recouverte d'une natte (Vanikoro), au fond, un tapa roulé, en écorce d'arbre écrasée (Vanikoro).

A droite, des filets de pêche (Vanikoro).

A gauche, des lignes de pêche (Vanikoro).

En avant de la table, tombant sur la natte qui la recouvre, deux ornements portés sur la poitrine des indigènes (Vanikoro).

Au pied de la table, sur le sol, trois paquets de lignes employées pour la pêche du requin (Vanikoro).

Au-dessus, un rouleau de cordes pour amarrer les pirogues (Vanikoro).

IV

PLANCHE V

———

Le fond de la la panoplie est formé par une grande natte en roseaux (Vanikoro).

En haut, un chapeau de paille fabriqué par les indigènes des îles Gilbert.

Dessous, un costume de femme (Santa-Cruz).

Au bas quatre nattes et deux paniers (Vanikoro).

Fixées sur deux pagaies (Vanikoro), dix zagaies des îles Salomon (Santa-Cruz, Nouvelles-Hébrides).

Appuyées sur les zagaies trois casse-tête, celui de droite et de gauche, proviennent de Vanikoro ; celui du milieu, du Nord de l'île Ambrym (Nouvelles-Hébrides).

Sur la table, recouverte de nattes (Vanikoro) :

Deux mâchoires inférieures de porc (Nouvelles-Hébrides) ;

Un nautile flambé (Nouvelle-Calédonie).

En avant de la table, et reposant sur le sol, quatre casse-tête (Nouvelles-Hébrides).

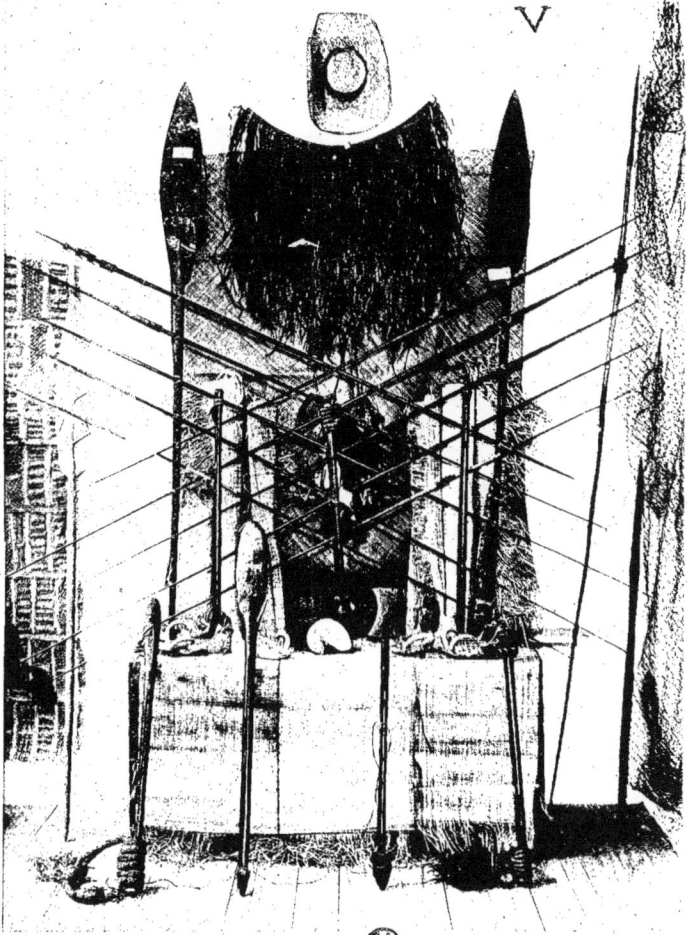

V

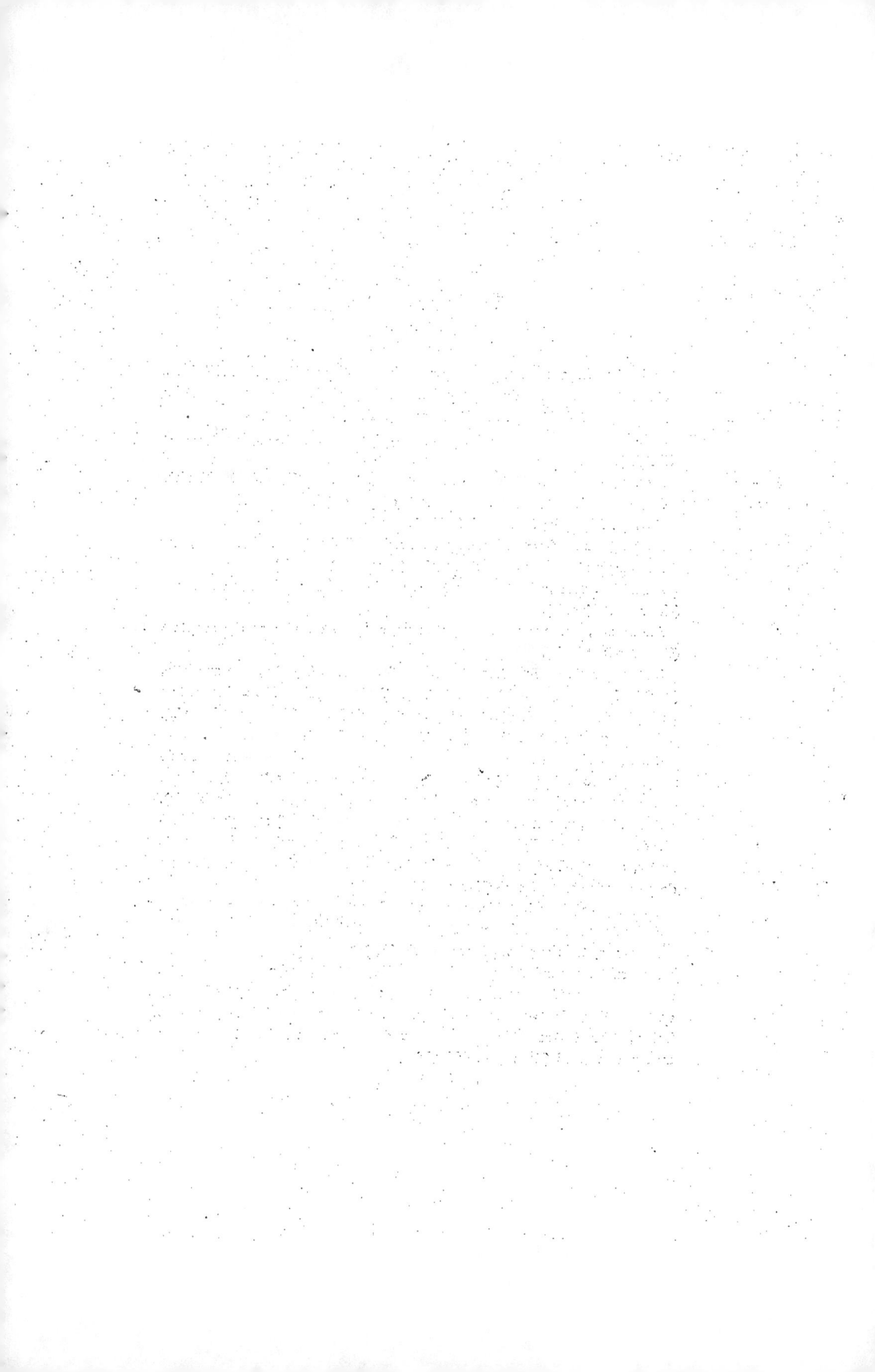

PLANCHE VI

Le fond de la panoplie est formé par plusieurs nattes des Nouvelles-Hébrides.

En haut, une ceinture de femme (Nouvelles-Hébrides).

De chaque côté, un tapa roulé, costume de femme (Nouvelle-Calédonie).

A droite, au-dessous des tapas, un masque en bois sculpté (Tabou, Nouvelles-Hébrides).

A gauche, un autre masque avec un panache en plumes (Nouvelle-Calédonie).

Au-dessous des masques, deux bracelets en perles (Nouvelles-Hébrides).

Un tapa déployé (Nouvelles-Hébrides).

Neuf zagaies ornées d'os humains (Nouvelles-Hébrides).

De chaque côté, un paquet de zagaies (Nouvelle-Calédonie).

Au milieu, vers le haut, fixé sur une zagaie, un tabou, statuette de femme (Nouvelle-Calédonie).

Au-dessous, un masque de danse avec costume en plumes s'y adaptant (Nouvelle-Calédonie).

Sur le premier arc traversant la panoplie, on voit, à droite, une amulette, (ovula) (Nouvelle-Calédonie), une ceinture en écorce de palétuvier, un bracelet en perles (Nouvelles-Hébrides), et un tapa, costume de femme (Nouvelle-Calédonie).

Le côté gauche est garni d'objets semblables et de même provenance.

Sur le deuxième arc traversant la panoplie : à droite, trois tapas, costumes de femme (Nouvelle-Calédonie) ; à gauche, trois tapas semblables et une herminette en forme de gouge [gouge en fer de provenance européenne] (Nouvelle-Calédonie).

Sur la table, recouverte d'une natte en roseaux (Vanikoro) : un panier rempli de monnaies indigènes (Nouvelles-Hébrides) ; au fond, un rouleau de nattes, sur lequel repose une herminette en forme de ciseau [ciseau en fer de provenance européenne] (Nouvelle-Calédonie).

De chaque côté de la table, un casse-tête forme pagaie (Nouvelles-Hébrides).

A droite, un paquet de zagaies (Nouvelles-Hébrides).

A gauche, trois sagaies (Nouvelles-Hébrides).

Reposant sur le sol et appuyés à la table de droite à gauche, trois casse-tête, une herminette en serpentine, un casse-tête en forme de pic, une grande hache en serpentine, dont le manche est garni de tresses en poils de roussette. Tabou, avec tête sculptée et couronnée de tresses en poils de roussette ; un bambou gravé (Nouvelle-Calédonie).

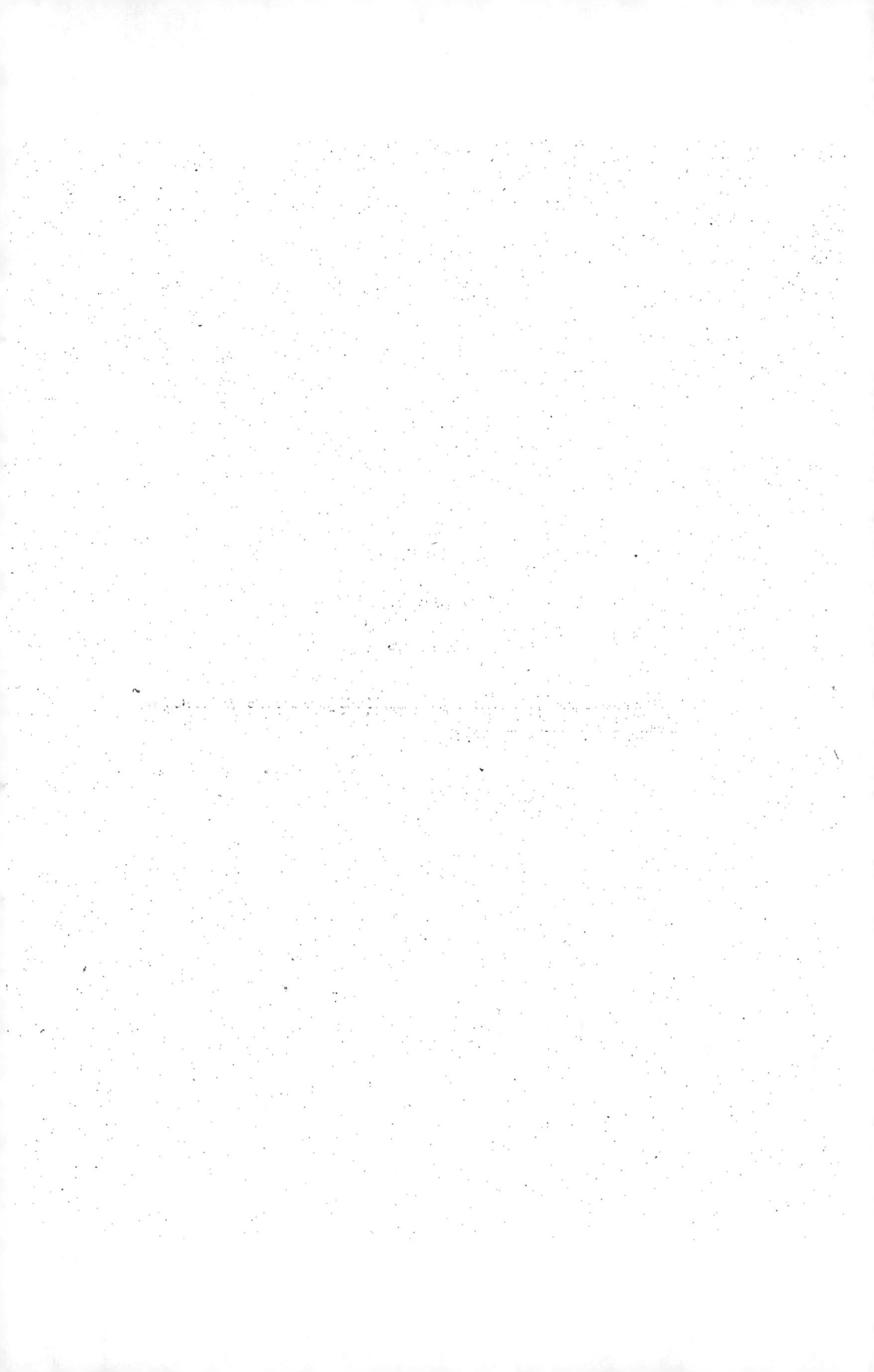

Planche VII

Groupe de femmes, d'enfants et d'hommes, réunis pour une fête (Pilou-Pilou) à Hienghène (Nouvelle-Calédonie).

PLANCHE VIII

———

Prisonniers, hommes, femmes et enfants, de la révolte de Baala.

VIII

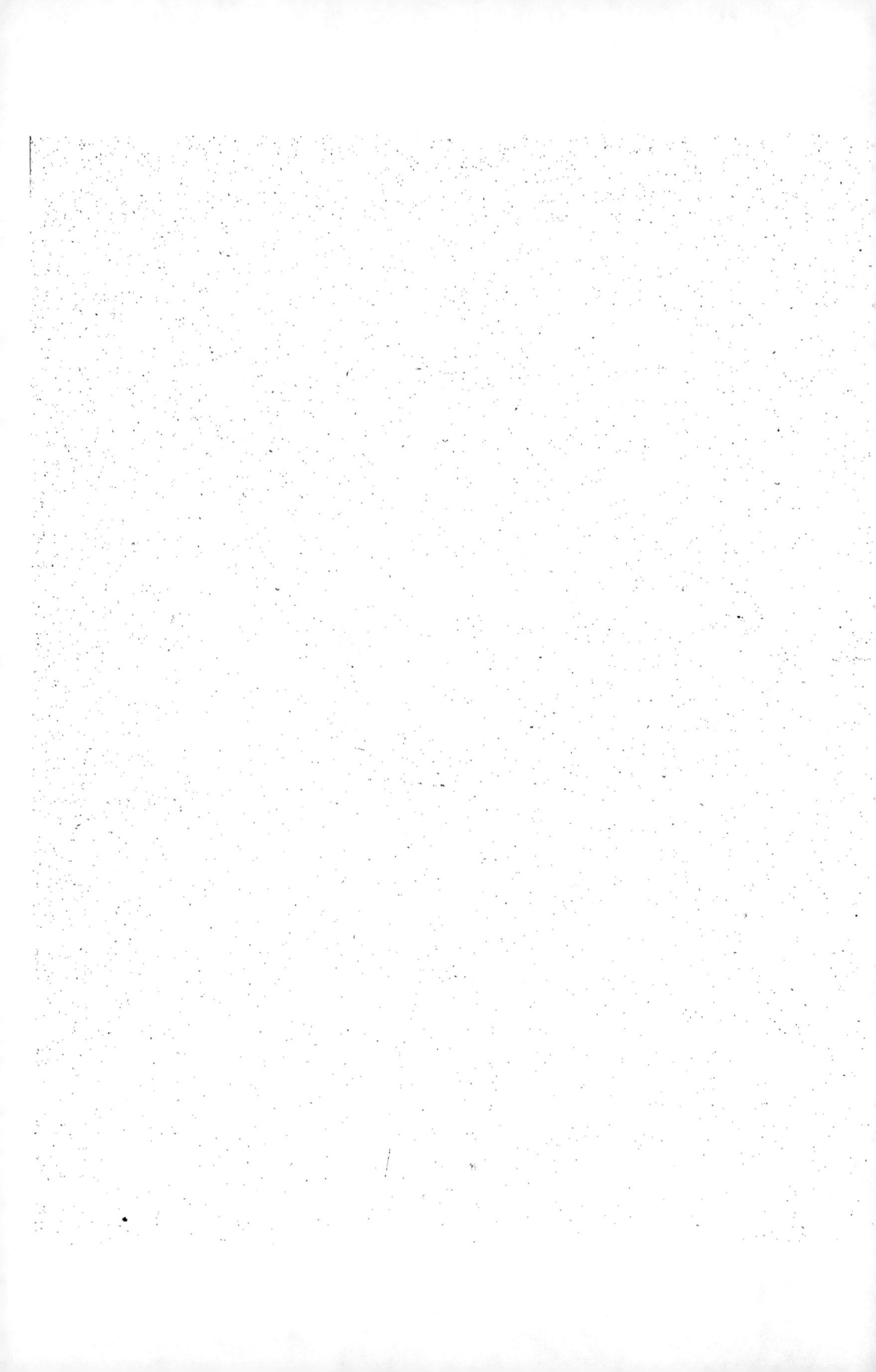

CATALOGUE

DES

OBJETS D'ETHNOGRAPHIE

NOUVELLE-CALÉDONIE

ILE LOYAUTÉ

Hache en serpentine avec manche garni de tresses en poils de roussette.
Colliers en serpentine.
Herminette en serpentine.
Marmite en terre, ancienne.
Statuette en bois sculpté.
Statuette en bois sculpté, autre forme.
Casse-tête.
Tapa.
Doigtier, très ancien.
Coiffure de chef néo-calédonien.
Filet à pierre de fronde, très ancien.
Pierres de fronde.
Filet à pierre de fronde.
Peignes.
Couverture de banian.
Monnaies, rondelles de coquilles.
Masque de guerre.
Pagne de femme.
Manteau canaque.
Zagaie ornée de cordes en poils de roussette.
Flûte néo-calédonienne.
Gourdes de Macé : Loyalty.

7

NOUVELLES-HÉBRIDES

ILE ESPIRITU-SANTO

Marmites, poterie indigène, provenant du cap Quiros.
Massue de guerre.
Casse-tête.
Couteau en bois pour découper les gâteaux de bananes ou d'ignames.
Coquillages, Palourdes.
Corde, ornement que les femmes se mettent autour des reins.
Petites nattes pour hommes.
Plumet.
Flèches de pêche.
Flèches de guerre armées d'os humains empoisonnés.
Flèches de pêche.
Lances de guerre en os humains empoisonnés.
Nattes servant d'habillement aux hommes.
Costumes d'indigènes (Port-Aubry).
Grelot pour la danse.
Vêtement.

ILE AOBA

Casse-tête de chef.
Casse-tête de chef.
Casse-tête de chef.
Flèches en os humains, tibia.
Nattes servant de costume aux femmes.
Nattes.
Petites nattes, costumes de femmes.

ILE AURORA

Casse-tête (Aurora ou Mahioo).

ILE API

Casse-tête (île Api, Bourouba).
Casse-tête (intérieur de l'île).
Plumet, ornement d'indigène.
Casse-tête (Nord de l'île Api).

Casse-tête (Nord de l'île Api, Bourouba).
Poignards en dents de requin (île Api et Paama).
Plat en bois pour Cava (île Tongoa, près Api).
Récipient à Cava (île Tongoa, près Api).
Casse-tête (île Paama).

ILE PENTECOTE

Casse-tête de chef.
Nattes en couleur, avec dessins, servant à ensevelir les chefs.
Masque de guerre.

ILE MALLICOLO

Casse-tête (intérieur de Mallicollo).
Lances en bois avec tabou sculpté, os humains empoisonnés (Nord de l'île Mallicolo).
Casse-tête (Nord de l'île Mallicolo).
Casse-tête (Sud-Ouest de l'île Mallicolo).
Casse-tête forme pagaie (Nord de l'île Mallicolo).
Bracelets en écorce de fougère arborescente.
Flèches ordinaires pour la pêche ou la chasse.
Crocs de porcs servant de bracelets.
Bracelets en coquillages pour femmes.
Bracelets en perles dits Ben-ben, pour hommes et femmes.
Rondelles en petits coquillages ayant une valeur monétaire.
Os humain gravé servant de couteau à découper les gateaux d'ignames et bananes.
Ceinture d'homme.
Petits tabous.
Petites nattes.
Lances de guerre avec tabous sculptés et os humains empoisonnés.
Casse-tête (Sud de l'île Mallicolo).
Casse-tête (Nord de l'île Mallicolo).
Casse-tête autre forme.
Casse-tête pilou.
Plumet.
Arcs de Mallicolo (Nord-Ouest).
Arcs de Mallicolo (Sud-Est).
Flèches.
Flèches empoisonnées.
Flèches ornées d'os humains.
Zagaies de chef de Mallicolo, os humains.

ILE AMBRYM

Casse-tête.

Casse-tête de chef.

Casse-tête (nord de l'île Ambrym).

Flèches empoisonnées, armées d'os humains.

Mâchoires inférieures de porcs.

Plumet pour la danse.

Flûte indigène en bambou.

Bracelet en noix de coco.

Grelot pour la danse.

Collier en crocs de porcs (se porte en signe de deuil).

Bracelet de femme de chef.

Bracelets de femmes de chefs.

Ceintures en fibres d'arbres pour femmes.

Instrument de musique.

Tabous.

Cocos servant de récipient pour l'eau.

Tissu en toile d'araignée, servant pour certaines cérémonies.

Jouet d'enfant.

Flûte d'Ambrym.

Flûte d'Ambrym, autre forme.

ILE SANDWICH

Haches de guerre, manche sculpté (île Sandwich ou Vaté).

Peignes indigènes en bois sculpté (île Sandwich ou Vaté).

Peigne indigène en bois sculpté (Lelépa, île Sandwich ou Vaté).

Casse-tête ou massue de guerre (île Sandwich ou Vaté).

Natte en écorce d'arbre (Melé, île Sandwich ou Vaté).

Peigne indigène (intérieur de l'île Sandwich).

Flèches empoisonnées, os humains (intérieur de l'île Sandwich).

Peigne en bois sculpté (intérieur de l'île Sandwich).

Natte en écorce d'arbre (Melé, île Sandwich).

Casse-tête (île Sandwich).

Casse-tête (Lelépa, île Sandwich).

Flèches ordinaires pour la pêche (île Sandwich).

Flèches empoisonnées, os humains (île Sandwich).

Bracelets en perles, dits Ben-hen, pour hommes et femmes, fabriqués à Melé (île Sandwich).

Paniers fabriqués par les femmes indigènes de Melé (île Sandwich).

Amulettes en nacre (île Sandwich).

Plat à Cava (île Sandwich).

Récipient pour Cava (île Sandwich).
Petites lances en bois sculpté (île Sandwich).
Lance à trois pointes en os humains (île Sandwich).
Lance en bois dur (île Sandwich).
Lance en bois dur sculptée à jour (île Sandwich).

ILES SANTA-CRUZ

Métiers à tisser avec une natte commencée.
Arcs des îles Santa-Cruz.
Lignes de pêche avec hameçon en bois.
Lignes de pêche avec hameçon en écaille.
Casse-tête pour la danse.
Pirogue indigène (modèle).
Gourde en coco.
Petite calbasse gravée (pour mettre la chaux).
Flèches empoisonnées, os humains.
Petites nattes en fibres de bananier.
Flèches à trois branches pour la pêche.
Panier en feuille.
Natte en écorce d'arbre avec dessins.
Ceintures en fibres d'arbres.
Ceintures en coquillages.
Disques en coquillages avec ornements en écaille de tortue que les indigènes portent au
    cou comme médaille.
Coquillage servant à raper la noix de coco.
Ornements en nacre et écaille que les indigènes se passent aux oreilles et dans la cloison
    nasale.
Partie de costume de femme de Santa-Cruz, s'ajuste derrière les reins.
Petits plats en bois.
Pagaie pour pirogue.
Flèches à trois pointes pour la pêche.
Ligne de pêche.
Ligne de pêche, autre forme.
Plat en bois.
Casse-tête de pilou-pilou.
Pirogue (modèle).
Natte.
Sac de Santa-Cruz.
Arcs de Santa-Cruz.

Flèches de Santa-Cruz.
Flèches ornées de plumes.
Pagne de Santa-Cruz.
Métier Santa-Cruz.
Cuillers de nacre.
Cuillers de coco.
Petit vase en bois servant à piler le bétel.
Bracelets dents de porc.
Boucles d'oreilles en écailles.
Tapis des Wallis en fibres de Banian.

ILE VANIKORO

Bouteilles en coco.
Suspenseurs en tresse pour bouteilles.
Nattes.
Nattes pour coucher.
Nattes pour coucher les enfants.
Paniers de noix fumées, nourriture des Canaques.
Éventail.
Gourdes pour mettre la chaux (pour chiquer).
Pilons et mortiers pour piler la chaux avant de la macher.
Aiguilles pour faire des filets.
Cannes de Vanikoro.
Oreillers en bois pour hommes, femmes et enfants.
Idoles.
Bols en bois pour cava, boisson enivrante.
Bols en bois pour manger.
Ornements en bois portés sur le dos par les hommes (Pinge).
Nattes.
Cerfs-volants.
Casse-tête pour les grandes fêtes.
Casse-tête à deux mains, très ancien.
Casse-tête, très ancien.
Casse-tête en pierre, très rare.
Vingt-quatre paquets de flèches empoisonnées.
Zagaies empoisonnées.
Zagaies empoisonnées, armées d'os humains.
Quatre-vingt-dix arcs en bois de palétuvier.
Pagaies.
Zagaies de guerre.
Paquet de peintures de guerre.
Ceintures de fillettes.

Ceintures de filles.
Ceintures de femmes.
Ceintures d'hommes.
Ceinture de Canaque.
Ceintures de femmes quand elles sont enceintes.
Paniers en couleur.
Sandales.
Râpes faites avec de la peau de raie.
Carapaces de tortues.
Colliers en coquillages.
Jarretières.
Morceaux de bois et de plomb provenant du naufrage de l'*Astrolabe*, bâtiment de Lapérouse,
    perdu aux îles Vanikoro.
Pièces d'argent.
Paquets de petits oiseaux servant comme argent entre les deux îles Vanikoro.
Un arc.
Plumet de guerre.
Ligne de pêche pour aligator.
Ligne de pêche pour requin.
Casse-tête pour assommer le requin.
Appel pour requin (à agiter dans l'eau pour simuler un banc de poissons).
Bracelets en bois.
Bracelets en nacre.
Bracelets en noix de coco.
Bracelets en ivoire végétal.
Bracelets en coquillages.
Bracelets en perles.
Bracelets en dents de porc.
Bracelets en coquille de turbo.
Ornements portés sur la poitrine, écaille de tortue sur plaque de tridacne.
Seaux en bois.
Lignes de pêche avec flotte, poids, hameçons.
Paquets de lignes de pêche.
Modèles de pirogues de Vanikoro.
Paquets de filets.
Charmes de sorcier.
Ornements pour enfants.
Paquet de castagnettes, portées sur la jambe en dansant.
Pierre blanche à porter sur le nez, en travers.
Paquet de cuillers en nacre.
Paquet de boucles d'oreilles en écaille de tortue.
Paquet de bagues pour le nez.
Touffes de cheveux de Canaques, trophées de guerre.

Mâchoires de requin.
Crâne d'indigène Vanikoro, femme.
Crâne d'indigène Vanikoro, homme.
Jatte en bois.
Rouleau en tresse.
Plumet de guerre.

ILES SALOMON

Flèches empoisonnées, armées d'os de poisson.
Peignes indigènes.
Lances en bois sculpté avec ornements.
Pots en bambou gravé, servant à ramasser la chaux pour la préparation du bétel.
Lances ou zagaies armées d'os de poisson.
Casse-tête sabre.

ILES GILBERT

Chapeaux fabriqués par les indigènes.
Panier.
Tresses en cheveux servant de collier.
Nattes.

ILE FIDJI

Nattes d'écorce.

Havre. — Imprimerie du Journal LE HAVRE (L. Murer, imprimeur, 35, rue Fontenelle.

www.ingramcontent.com/pod-product-compliance
Lightning Source LLC
Chambersburg PA
CBHW070907280326
41934CB00008B/1619